LES CHÂTEAUX FORTS

Conception
Emilie BEAUMONT

Texte
Christine SAGNIER

Images
Yves BEAUJARD

FLEURUS

GROUPE FLEURUS, 15-27, rue Moussorgski, 75018 PARIS
www.editionsfleurus.com

LES PREMIERS CHÂTEAUX FORTS

Avec ses tours, ses douves, son pont-levis et ses créneaux, le château fort fait rêver ou trembler les hommes. Depuis le IXᵉ siècle, il est l'image de la puissance et du pouvoir. Les premiers châteaux forts apparaissent vers l'an mille et se multiplient en France, en Angleterre, en Espagne et en Allemagne jusqu'à la fin du Moyen Âge. À l'origine, les châteaux sont constitués de bâtiments en bois construits sur de grosses mottes de terre. Très vite, le bois est remplacé par la pierre, mais le château continue de trôner sur une butte, montrant ainsi l'autorité du seigneur.

Cet homme se met au service du seigneur en échange de terres. Il devient son vassal.

Pourquoi des châteaux forts ?

La féodalité est un système qui apparaît au Xᵉ siècle. En échange d'un fief, c'est-à-dire d'un domaine, et de certaines obligations, un vassal fait serment de fidélité à un seigneur. Les multiples invasions encouragent les seigneurs à se défendre et à construire leur château, malgré l'interdiction du roi. Chaque seigneur peut alors commander ou punir en échange de la protection qu'il apporte à moins puissant que lui.

Le château à motte

Il apparaît dans le courant du Xᵉ siècle. Il est souvent construit par un seigneur souhaitant protéger ses terres. Le château à motte est constitué d'une butte de terre entourée d'un fossé et dominée par une tour de bois. Un escalier ou une rampe descend jusqu'à la basse-cour. Là sont réunis des bâtiments où vivent les compagnons du châtelain et les animaux. On y trouve les écuries, les hangars, les abris à provisions, le four et le puits. Et enfin une palissade de bois protège l'ensemble.

En cas d'alerte, les paysans et leurs bêtes peuvent se réfugier à l'intérieur de l'enceinte.

tour de bois

motte

1ᵉʳ fossé

palissade

2ᵉ fossé

Selon les époques et les pays, différents types de donjons apparaissent.

contrefort

Le donjon central

À partir du XIᵉ siècle, l'inconfort et la vulnérabilité de la motte amènent les seigneurs à faire construire des tours en maçonnerie. Cette construction haute et en pierre affirme la puissance du châtelain. Ces tours solides se multiplient. Elles abritent à la fois la famille du seigneur et les soldats de la garnison. Plus les seigneurs sont riches, plus les plans se compliquent. Tantôt octogonales, tantôt cylindriques ou bien rectangulaires, les tours sont souvent garnies de contreforts, de gros piliers chargés de parfaire leur stabilité. Mais, pour être bien à l'abri, un donjon ne suffit pas. Aussi, à la place des palissades en bois, on élève des murailles crénelées appelées chemises, chargées de défendre la base de la tour maîtresse. Avec le temps, le château devient de plus en plus grand, le donjon de plus en plus haut...

Pour que le château voie le jour...

À l'origine, le droit de construire une motte dépend du bon-vouloir du roi. Mais, pour se défendre correctement, les seigneurs s'accordent eux-mêmes ce privilège royal. Les matériaux nécessaires à la construction sont pris sur place. La terre de la butte provient des fossés, et le bois, des forêts alentour. Les ouvriers travaillant sur le chantier sont des paysans recrutés sur le domaine en échange de la protection du seigneur. Pour élever un château à motte, une centaine d'hommes pendant deux semaines suffisent.

Par la suite, le château en pierre se répand. Le mur d'enceinte est renforcé par des tours rondes ou carrées.

LA CONSTRUCTION

Construire un château fort est un grand projet pour un seigneur. La plupart des chantiers durent plusieurs années, jusqu'à 20 ans parfois ! Sur place, c'est une véritable fourmilière. Des hommes arrivent à pied des quatre coins du royaume. Il y a les ouvriers spécialisés - forgerons, maçons, charpentiers - et les manœuvres. On peut compter jusqu'à 2 000 hommes travaillant sur un vaste chantier ! On tire, on porte, on pousse, on creuse, on cherche les équipements les plus performants... Qu'importe le nombre de bras, ce qui compte c'est d'économiser les matériaux !

Où construire le château ?

Le lieu de construction est minutieusement réfléchi. On choisit de le bâtir au milieu de vastes étendues pour surveiller les routes, intercepter des communications, protéger un territoire. De même, on préfère souvent le construire sur des escarpements afin de mieux dominer la région. Avant de commencer un chantier, on pense aux matériaux qui seront utilisés. La plupart du temps, le chantier est donc proche d'une carrière où aller chercher la pierre et d'une forêt pour le bois.

Au travail !

Pour mener à bien la construction, les ouvriers disposent d'astucieux engins en bois. Le treuil à roue (1) sert à hisser les pierres au sommet des murailles et, pour élever la maçonnerie, un échafaud est bien utile. Les cordes et les poulies (2) suffisent à hisser les poutres et les paniers remplis de pierraille. Pour les matériaux les plus lourds, il faut parfois élever des sortes de grues en bois.

Les matériaux sont coûteux : plus les remparts seront longs et les tours nombreuses, plus le château reviendra cher !

Les murailles sont très larges : jusqu'à 5 m d'épaisseur !

①

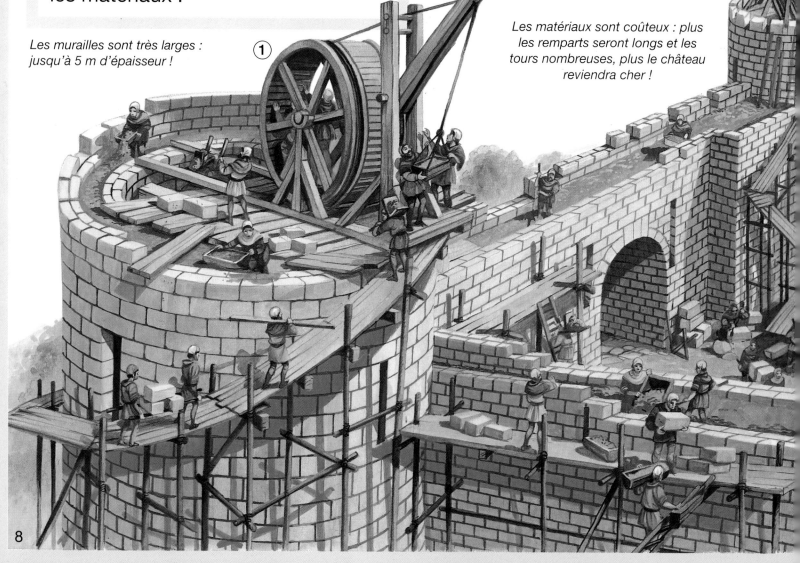

Les différents ouvriers

a - Le maître d'œuvre correspond à l'architecte actuel : il établit les plans et suit l'avancée des travaux. L'arpenteur mesure le terrain avec sa perche.

b - Les maçons assemblent les pierres pour monter les murs et utilisent une auge, dans laquelle ils prennent le mortier à la truelle.

c - Pour les charpentiers, pas question d'avoir le vertige : ils clouent, scient et assemblent les pièces de charpente en équilibre dans le ciel. Le forgeron, lui, fabrique et répare les outils nécessaires. Les manœuvres, qui n'ont pas de spécialité, transportent les matériaux.

La taille de la pierre

Les murs sont souvent construits à l'aide de pierres lisses. Ces pierres taillées avec régularité sont signe de richesse ; il faut en effet payer **des tailleurs de pierre (d)** pour parfaire leur aspect. Ce sont les parois extérieures qui bénéficient des plus beaux parements. On réserve aussi à ces ouvriers spécialisés les parties les plus délicates, comme les mâchicoulis.

Les tailleurs de pierre inscrivent généralement leur marque sur les pièces qu'ils taillent.

Les ouvriers spécialisés vont de chantier en chantier avec leurs propres outils et leur valet, construisant indifféremment églises et donjons.

L'échafaud est constitué de planchers que l'on accroche aux murailles au fur et à mesure qu'elles s'élèvent. Des trous réservés dans les murs reçoivent des rondins appelés boulins, sur lesquels sont posées les planches où se tiennent les ouvriers pour travailler.

LES ÉLÉMENTS DU CHÂTEAU

S'il suffit de fortes pluies ou de torches enflammées pour venir à bout des premières mottes, il en va autrement des châteaux en pierre. Les siècles passant, l'objectif premier reste de contrer l'ennemi. Les techniques de défense s'améliorent, et tout est calculé pour qu'une poignée d'hommes puisse défendre la place forte.

Les tours de flanquement ①

Ces tours rondes ou semi-circulaires avec des murailles se multiplient au XIIᵉ siècle. Elles sont le signe de la puissance militaire du maître des lieux. Plus tard, leurs toitures pointues sont remplacées par des plates-formes où seront disposés les canons.

Les mâchicoulis ②

Ce sont des trous percés dans les chemins de ronde placés en encorbellement. De là, les défenseurs du château lancent des pièces de bois, des pierres ou de la chaux vive sur les assaillants.

Les créneaux ③

Au sommet des murailles et des tours, les murs sont dentelés. L'embrasure, le vide, permet de voir les assaillants et de leur lancer des projectiles ; le plein, atteignant parfois 2 m, offre la possibilité de s'abriter.

Les échauguettes ④

Ce sont de petites loges destinées aux sentinelles et qui, à l'origine, étaient probablement en bois. C'est au XIIᵉ siècle que sont construites les premières échauguettes permanentes. On les trouve généralement près des portes, dans les angles ou au sommet des donjons.

La barbacane ⑤

La barbacane est une fortification, postée en avant du château, qui protège un passage ou une porte. La garnison peut s'y réunir à couvert pour faire des sorties ou protéger une retraite. Il existe des barbacanes en bois, construites le temps d'un siège.

La chapelle ⑥

Celle-ci peut être à deux étages, l'un réservé au châtelain et à sa famille, l'autre aux domestiques.

La tour de guet ⑦

C'est une véritable aiguille de pierre qui s'élève au-dessus du donjon et sert de poste de surveillance.

Le chemin de ronde ⑧

Le chemin de ronde court tout autour de la muraille, derrière les créneaux. La nuit, les sentinelles s'y promènent pour s'assurer qu'il n'y a aucun danger à l'horizon.

Les meurtrières ⑨

Les meurtrières sont aussi appelées archères. Ce sont des fentes ménagées dans la muraille, qui permettent de tirer à l'arc ou à l'arbalète tout en restant à l'abri. Elles sont souvent très nombreuses afin d'impressionner l'ennemi.

Le donjon ⑩

Il est aussi appelé la tour maîtresse, C'est l'édifice le plus imposant situé au cœur de château. À l'origine, cette tour sert de résidence au seigneur. Quand le château est assailli, elle se transforme en dernier refuge.

Les hourds ⑪

Quand les assaillants se réfugient au pied de la muraille, il devient impossible aux assiégés de les voir. D'où l'idée de placer des plates-formes en bois au sommet du chemin de ronde et de percer leurs planchers de trous par lesquels on jette des projectiles.

Les douves ⑫

Les fossés sont remplis d'eau pour empêcher l'ennemi d'arriver au pied de la fortification. Mais l'hiver venu, l'eau peut geler.

Le pont-levis ⑬

Quand le pont-levis est levé, plus personne ne peut entrer dans le château fort. Avant que n'apparaissent les systèmes de chaînes, de treuils ou de poutres pivotantes, il arrivait que l'on enlève les planches du pont pour les remettre une fois le danger écarté !

La porte ⑭

La porte est sévèrement défendue : elle est souvent encadrée de deux tours et munie d'une herse, c'est-à-dire d'une sorte de grille qui glisse le long des murs pour interdire le passage. Ensuite vient l'assommoir, une trappe découpée dans le plafond du passage couvert, d'où l'on déverse des cailloux, des poutres et - pourquoi pas - de la chaux vive liquide !
Puis se trouve une seconde porte : voilà l'ennemi coincé !

À L'ATTAQUE !

Attaquer un château est une opération longue et coûteuse. Il faut repérer les lieux, établir un camp, apporter de multiples engins de guerre, des munitions en conséquence, et surtout prévoir de nombreux hommes pour monter à l'assaut.

Depuis la plus haute tour du donjon, on observe la progression des ennemis et on guette pour savoir s'ils ont appelé du renfort.

Le beffroi ①

Cette grande tour en bois, montée sur quatre roues, permet aux troupes d'assaut de se lancer sur le chemin de ronde. Elle se divise en plusieurs étages reliés par des échelles. L'ensemble est recouvert de peaux fraîches pour que les troupes qui gravissent les marches ne reçoivent pas les flèches ennemies.

Le mantelet ②

Les archers et les arbalétriers sont chargés de couvrir les soldats attaquant la forteresse ; eux-mêmes se réfugient derrière les mantelets pour se tenir à l'abri des flèches.

L'escalade

Alerte générale ! L'ennemi est au pied du château. Les échelles sont dressées contre les murailles. Les assaillants grimpent pour atteindre le chemin de ronde. Une pluie de pierres, de flèches et de chaux vive s'abat alors sur eux.

Combler les fosses

Parvenir au pied des remparts n'est pas toujours chose facile. Les douves constituent un obstacle de taille. Les assaillants mettent tout en œuvre pour les combler. Protégés par une galerie de bois qu'ils ont apportée, ils jettent pêle-mêle dans le fossé des matériaux divers.

Une brèche dans le mur

En haut du rempart, cachés derrière les hourds, les assiégés s'activent. Tous les projectiles font l'affaire, jusqu'aux meubles s'il le faut. En bas, les trébuchets lancent sans relâche de gros barils de matières incendiaires, qui mettent les hourds en pièces et en feu, tandis que les arbalétriers, protégés derrière les mantelets, règlent leurs tirs. Plus loin, un groupe d'hommes s'acharne pour enfoncer la porte ou percer une brèche dans le mur à l'aide de pics ou de béliers.

Le siège

Avant l'assaut, le siège peut durer de longs mois et, si le château fort tombe aux mains des assaillants, c'est souvent par la ruse ou la trahison. Il n'est pas rare que l'un des assiégés ouvre la porte à l'ennemi moyennant une récompense.

Le bélier ③

Le bélier était déjà utilisé par les Grecs et les Romains et le sera jusqu'au début du XVIᵉ siècle. C'est une longue et lourde poutre armée d'une tête de fer, qui, suspendue par des cordes ou non, est poussée par les hommes pour aller frapper contre la muraille ou la porte.

Le trébuchet ④

C'est une machine à ressorts et à cordes. La poche du projectile ressemble à une fronde composée de deux attaches. Il arrive que les brides se décrochent trop tôt. Le projectile part alors à la verticale et retombe tout droit sur la tête des soldats qui manœuvrent l'engin.

La baliste ⑤

Cet engin à ressorts et à corde est un formidable lance-pierres. Une fois le projectile posé dans la cuillère, on règle le tir. Quatre hommes sont nécessaires pour abaisser la cuillère à l'aide d'un treuil.

LA VIE AU CHÂTEAU

À l'origine, le château est construit comme un fort ou une caserne, mais c'est aussi la résidence du seigneur et de sa famille. Il doit résister au siège de l'ennemi. Tout est donc prévu pour que l'on puisse y vivre le plus longtemps possible sans se ravitailler à l'extérieur. Beaucoup de personnes y travaillent et y logent. L'enceinte abrite le logis des soldats, des magasins d'armements, des ateliers de réparation, des écuries, des celliers et des caves. Rien ne doit manquer. Au fur et à mesure qu'évolue le château, les pièces se multiplient et les aménagements sont de plus en plus fastueux.

Les activités quotidiennes

C'est au château, dans la pièce principale, que le seigneur gère ses terres, reçoit ses conseillers et rend justice, décidant d'envoyer au cachot tel paysan qui n'a pas fourni sa corvée ou tel soldat qui a désobéi. Certains soirs, cette grande salle accueille les hôtes du seigneur pour de grands festins. L'un des divertissements favoris du châtelain est la chasse. C'est pour lui l'occasion de s'entraîner au combat. Mais le seigneur n'est pas toujours dans son domaine, il doit parfois partir en guerre loin de chez lui.

Avec l'aide des nourrices, la dame du château élève ses enfants, souvent nombreux.

La dame, elle, ne passe pas tout son temps à filer et à tisser la laine. Elle est en charge de la maison. Elle contrôle les serviteurs, accueille les visiteurs, veille sur les dépenses. Elle peut gérer les biens du domaine. Quand le seigneur s'absente, elle prend les affaires en main et, au besoin, défend sa terre. Mais son rôle essentiel est de perpétuer la lignée en donnant naissance à des fils. Le soir, la famille se réunit pour la veillée. Musique, chants, et jeux animent les longues soirées.

Le confort

L'hiver, il fait froid dans le château. Les murs de pierre sont épais et humides, les fenêtres étroites laissent entrer peu de lumière. Pour se chauffer, on utilise des réchauds sur roulettes remplis de braise, que l'on déplace d'une pièce à l'autre. À partir du XIIe siècle, les cheminées apparaissent, mais pas dans toutes les pièces ! L'eau est tirée d'un puits creusé dans la cour, où l'eau de pluie est récupérée dans des citernes.

Le bain est rare, c'est un événement. On le prend seul ou à deux, dans une grande cuve de bois.

Les grands festins

Quand il n'est pas à la guerre, à la chasse ou en pèlerinage, le seigneur réunit sa famille, ses courtisans et ses compagnons autour de grands festins. Les convives mangent avec leurs doigts en s'aidant d'une cuillère et d'un couteau. De larges tranches de pain servent d'assiettes. Un repas peut comprendre plusieurs services, composés chacun de divers plats (potage, pâté, gibier...). Au cours du banquet, des musiciens jouent de la flûte et du tambourin, tandis que les convives admirent jongleurs et troubadours.

Le tournoi

Le tournoi est un moment fort de la vie du château. Les chevaliers y montrent leur bravoure et leur dextérité. Ils peuvent y faire fortune, mais aussi perdre leur monture et leur armure. Le tournoi se déroule dans un pré, à côté du château. La joute est l'un des combats les plus pratiqués. Lance en avant, le chevalier charge pour renverser son adversaire ou briser sa lance. Mais les concurrents doivent respecter le règlement : ne pas blesser le cheval de l'adversaire, ne frapper ni au visage ni au buste, ne pas s'en prendre au chevalier qui a ôté la visière de son casque.

LE CHEVALIER

Le chevalier est le guerrier par excellence. L'épée est son symbole, et le cheval son compagnon indispensable. La courtoisie, la loyauté et le courage sont ses trois principales qualités. Le chevalier a des devoirs envers son seigneur : il doit être prêt à partir se battre dès que celui-ci le lui demande. Ce devoir militaire se limite à quarante jours ; ensuite, le chevalier rentre chez lui, même en pleine bataille. Mais on peut lui proposer de rester moyennant de l'argent ou des terres. Quand il n'est pas en guerre, il aime faire la cour à sa belle en écoutant les troubadours chanter l'amour et des histoires de chevalerie.

L'épée fait le chevalier. C'est une compagne fidèle et aimée. Elle ne doit jamais tomber entre des mains ennemies, sous peine d'être déshonorée.

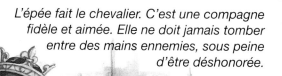

Le futur chevalier

Le petit garçon de sang noble est très vite considéré comme un adulte. À sept ans, il quitte sa famille pour rejoindre un autre château et devenir page. Là, il apprend à manier les armes, à monter à cheval et à soigner sa monture. Il doit aussi se rendre utile auprès de ses hôtes (en servant à table, par exemple) et respecter les bonnes manières ! À quatorze ans, il devient écuyer, c'est-à-dire « celui qui tient l'écu », le bouclier du chevalier.

Maniement de l'épée.

Il escorte son maître à la guerre, tient son cheval, s'occupe de son armure, l'aidant à l'enfiler. L'écuyer s'exerce aussi à manier l'épée et le javelot, et il s'entraîne à la quintaine (un mannequin qu'il doit percuter de sa lance sans tomber).

L'adoubement

À l'âge de vingt et un ans, l'écuyer est prêt à devenir chevalier. La nuit précédant la cérémonie, le jeune écuyer, lavé et rasé, s'apprête à une longue veillée de prières. Le lendemain matin, le jeune homme, revêtu de ses plus beaux habits, pose un genou à terre devant le roi ou devant son maître. Celui-ci lui donne un coup sur l'épaule du plat de l'épée puis lui remet solennellement ses éperons et son épée. Une grande fête suit la cérémonie, durant laquelle le nouveau chevalier parade fièrement sur sa monture.

Entraînement au javelot.

armet

épaulière

brassard

cubitière

plastron

cuirasse

gantelet

cuissard

poulaine

Le chevalier et son harnois

Au Moyen Âge, le mot « harnois » représente l'ensemble de l'équipement du chevalier : ses armes et son armure, l'habillement de son cheval et jusqu'au mobilier qu'il emporte avec lui dans les camps.

Armure d'un chevalier au XVᵉ siècle.

L'armure

Au milieu du XIIᵉ siècle, le guerrier porte une tunique descendant au-dessous du genou. Par-dessus, il enfile la broigne, en peau ou en toile, recouverte d'anneaux ou de chaînettes de fer. Sa tête est protégée par un casque conique.
Au XIIIᵉ siècle, le chevalier adopte la cotte de mailles (le haubert). Au-dessous, il porte un vêtement rembourré pour amortir les coups ; au-dessus, il endosse une tunique afin que les mailles ne chauffent pas trop au soleil, et ne rouillent pas sous la pluie. Le heaume (cylindrique et plat au sommet) remplace le casque conique.
Au XIVᵉ siècle, le torse, les bras, les épaules sont à leur tour protégés. Le heaume est remplacé par un casque articulé : le bassinet.
Au XVᵉ siècle, le chevalier ressemble à un robot. On couvre de fer toutes les parties du corps. Mais le guerrier se fatigue vite avec vingt-cinq kilos sur le dos !

Au XIVᵉ siècle, le blason s'affiche partout, sur les cottes de mailles, les écus, les bannières... Il permet d'identifier son propriétaire de savoir d'où il vient.

Le cheval est lui aussi, peu à peu, recouvert d'une carapace de fer.

AUTOUR DU CHÂTEAU

Au Moyen Âge, des châteaux s'élèvent un peu partout en Europe. Les hommes se pressent à leurs portes. Les paysans d'abord, qui viennent y chercher une protection ; les marchands et les artisans ensuite, qui sont attirés par la richesse des habitants du château. Le seigneur a aussi besoin de ce petit peuple de travailleurs : sans lui, il n'a ni ressources ni main-d'œuvre. Des bourgs et des villes grandissent au pied des murailles du château. De nouveaux remparts entourent ces habitations. Au-dehors s'étendent les campagnes.

À la ville

Du haut de ses tours, le château domine un dédale de ruelles étroites et sombres où s'emboîtent au hasard des constructions de pierre et d'autres de bois pouvant s'élever jusqu'à cinq ou six étages. La ville comporte souvent un centre administratif avec l'hôtel de ville, un centre religieux avec l'église ou la cathédrale et un quartier économique où se situe la place du marché.
La rue est le domaine des musiciens ambulants, des acrobates et des crieurs publics, mais c'est aussi le royaume des petits marchands, qui attirent les passants avec leur crécelle.

On enjambe des volailles, on croise des cochons... Ces derniers nettoient la chaussée des ordures qui y sont déversées, souvent directement par les fenêtres. Les rues, avec leurs égouts en plein air, sont en effet rarement propres ! Artisans et commerçants sont souvent regroupés par spécialité. Une enseigne indique leur activité. Les tanneurs se retrouvent près de la rivière, les boulangers près de la halle aux grains...

Une fois par semaine se tient le marché et les grandes foires qui ont lieu les jours de fête sont très attendues !
Quand la nuit tombe, la ville se barricade : les sentinelles prennent leur poste, et personne ne peut plus franchir les portes de la cité.

La maison à colombages
La plupart des demeures sont dites à colombages, c'est-à-dire construites avec une carcasse de bois qui soutient et raidit l'ensemble. Les poutres apparaissent sur la façade, c'est pourquoi on les appelle aussi maisons à pans de bois.

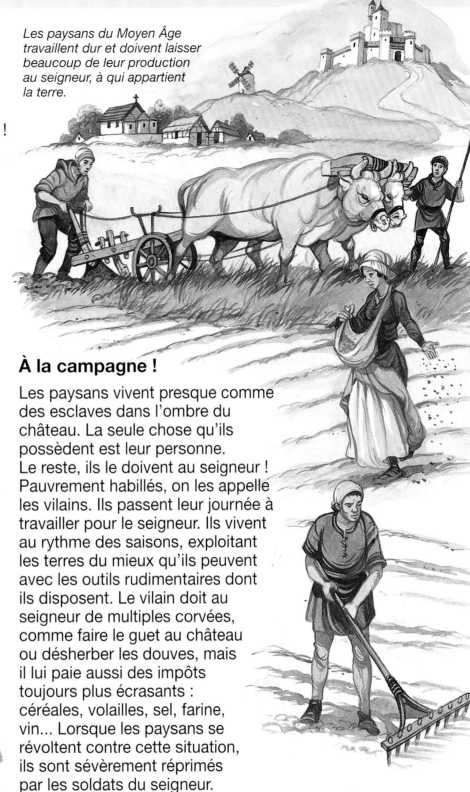

Les paysans du Moyen Âge travaillent dur et doivent laisser beaucoup de leur production au seigneur, à qui appartient la terre.

À la campagne !

Les paysans vivent presque comme des esclaves dans l'ombre du château. La seule chose qu'ils possèdent est leur personne. Le reste, ils le doivent au seigneur ! Pauvrement habillés, on les appelle les vilains. Ils passent leur journée à travailler pour le seigneur. Ils vivent au rythme des saisons, exploitant les terres du mieux qu'ils peuvent avec les outils rudimentaires dont ils disposent. Le vilain doit au seigneur de multiples corvées, comme faire le guet au château ou désherber les douves, mais il lui paie aussi des impôts toujours plus écrasants : céréales, volailles, sel, farine, vin... Lorsque les paysans se révoltent contre cette situation, ils sont sévèrement réprimés par les soldats du seigneur.

Les quelques produits que les paysans ne donnent pas au seigneur peuvent être vendus à la ville.

À CHACUN SON RÔLE

Aux quatre coins du monde se dressent des forteresses. Les matériaux et les techniques diffèrent, mais les motivations ne changent pas : il s'agit avant tout de se protéger et de se défendre, de soutenir la politique d'un seigneur ou d'un roi, parfois de favoriser le commerce. Ainsi, les châteaux croisés sont conçus pour recevoir des pèlerins et contrôler les régions conquises par la chrétienté. Les citadelles jalonnant la Route de la soie et des épices protègent marchands et territoires qui les entourent. Les castrums cathares, haut perchés, abritent des communautés persécutées.

Sur les vêtements des croisés apparaît une croix en guise d'insigne.

Qu'est-ce que les croisades ?

Au XIe siècle, l'Occident n'en finit pas de faire la guerre. Le pape Urbain II incite les chrétiens à s'unir pour combattre un seul ennemi : l'islam. Des hommes, des femmes et aussi des enfants partent pour un très long voyage au cri de « Dieu le veut ». Paysans, chevaliers ou aventuriers, ils s'en vont, les armes à la main, pour délivrer Jérusalem des musulmans.

Les forteresses des croisés

Pour défendre les terres et protéger les pèlerins chrétiens, les croisés construisent d'extraordinaires forteresses. En Syrie, le krak des Chevaliers, pouvant abriter 2 000 hommes, ressemble à une véritable ville. Il comprend une grande salle de 120 mètres, plusieurs chambres, des écuries, de nombreux puits et des citernes qui recueillent les eaux de pluie, un moulin à vent, un four à pain... Tout est prévu pour résister aux attaques et aux sièges des musulmans.

Ce sont des moines soldats qui se sont installés dans le krak. Ils ont un rôle d'accueil des pèlerins mais aussi de défense militaire de la forteresse et du territoire.

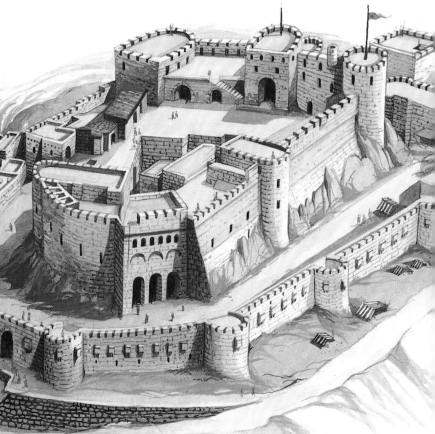

Sur la Route de la soie et des épices

Dès l'Antiquité, on utilise les épices pour parfumer la cuisine ou conserver la viande. On fait venir de loin des colorants et des teintures. Au Moyen Âge, les produits exotiques ont aussi beaucoup de succès. Poivre, cannelle, muscade, pierres précieuses ou soie, rien n'est trop cher. De l'Égypte à l'Inde, de la Malaisie à la mer de Chine, les négociants arabes dominent ce commerce. Le transit par la terre se développe avec les croisades.

Les Portugais construisent plusieurs forts le long de la route maritime des Indes afin de faire des escales en toute sécurité, comme ici, à Mascate (golfe d'Oman).

Partout, des forteresses s'élèvent pour faire face aux attaques des nomades en quête de richesse. Le long des côtes, les ports se ceinturent de murailles afin d'abriter les navires, des forts sont dressés pour protéger les entrepôts débordant de marchandises. Sur terre, des citadelles veillent sur les pistes où se suivent les caravanes de marchands, composées de plusieurs centaines d'hommes et parfois de milliers de chameaux.

Tous les châteaux n'abritaient pas des soldats. Dans le sud de la France subsistent des ruines impressionnantes, qui, au Moyen Âge, ont servi de refuges, à ceux que l'on a appelés les cathares.

Qui sont les cathares ?

Les cathares sont des chrétiens qui prêchent la chasteté et la pauvreté. Entrés en conflit avec l'Église catholique, ils sont considérés comme des envoyés du diable et décrétés hérétiques. Au XIIe siècle, la guerre leur est déclarée : les chevaliers s'arment.

Au XIIIe siècle, dans le sud-ouest de la France, Simon de Montfort et ses troupes royales lancent une nouvelle croisade contre les cathares, qui vont chercher à se protéger. Les cathares se réunissent en communauté. Les religieux, appelés les Bons Hommes et les Bonnes Femmes, mènent une existence austère. Leurs maisons religieuses sont ouvertes à tous : elles servent à la fois d'ateliers, d'hospices et d'écoles.

Les châteaux cathares

Ce sont des castrums, c'est-à-dire des villages-châteaux. Les maisons s'étagent sur des terrasses vertigineuses au sommet de pitons ou de collines. Au cœur du village domine encore la tour de l'ancien château féodal. Ces castrums sont des foyers de résistance au pouvoir. Leur situation escarpée permet de tenir très longtemps face aux attaques. À Montségur (ci-dessous), il suffit de quinze chevaliers et cinquante hommes d'armes pour résister un an à une armée de plus d'un millier d'hommes ! Mais les villages-châteaux finissent par tomber les uns après les autres.

La bastide d'Aigues-Mortes, dans le sud de la France.

Les bastides

Dans le sud-ouest de la France, au XIIe siècle, les seigneurs cherchent à maintenir leur autorité non plus en se faisant construire un château, mais en créant des villes nouvelles, bien différentes des autres bourgs médiévaux. C'est une manière de mettre en valeur le pays en favorisant les cultures tout en continuant à surveiller les frontières.

On convient du nombre d'emplacements réservés aux maisons, aux vignes, aux jardins et aux prés. Il reste ensuite à trouver les habitants : des crieurs s'en vont battre la campagne à le recherche de volontaires.

Les futurs habitants reçoivent un terrain, des matériaux pour construire leur maison et un jardin potager. La bastide est un lotissement. Elle ne ressemble plus à un labyrinthe de ruelles, mais à un échiquier. Les rues se coupent à angle droit et les maisons sont alignées. Au centre se trouve la place publique, bordée d'arcades. L'église se dresse au milieu des maisons. À partir du XIVe siècle, les bastides s'entourent de remparts.

À la fin de la période cathare, pour mieux surveiller les nouvelles frontières du royaume, les rois Philippe le Hardi et Philippe le Bel transforment les castrums en incroyables forteresses dominant la région, comme ici celle de Puylaurens.

VERS LES CHÂTEAUX DE PLAISANCE

Au XVe siècle, les seigneurs ne peuvent plus se retrancher derrière leurs murailles car le roi prend progressivement le contrôle de la nation. Les guerres ont désormais lieu au-delà des frontières et les châteaux forts disparaissent peu à peu. Il n'est plus primordial de défendre son domaine. Parti en Italie les armes à la main, François Ier en revient conquis. Il veut faire de sa cour l'égale des cours italiennes et rassemble autour de lui des centaines de personnes et de très grands artistes. Les châteaux ne sont plus consacrés à la défense mais au plaisir.

Château de Langeais

Les châteaux de transition

La guerre de Cent Ans s'achève. Les rois de France et leurs courtisans vont trouver dans le Val de Loire un paysage et des espaces propices à la chasse. Une nouvelle génération de châteaux voit le jour, entre le château féodal et le château Renaissance. En souvenir de la citadelle médiévale, le château conserve ses tours, parfois son crénelage, éventuellement son pont-levis, ses mâchicoulis et même ses meurtrières. Mais il s'éloigne des escarpements pour se rapprocher de l'eau et de la forêt, où, plus que tout, le seigneur et sa cour aiment chasser.

L'édifice s'ouvre dorénavant vers la campagne. Tout est fait pour que les habitants profitent du spectacle de la nature : les murs sont percés de larges fenêtres, des balustrades s'accrochent aux façades et le jardin s'étire au pied de la résidence.

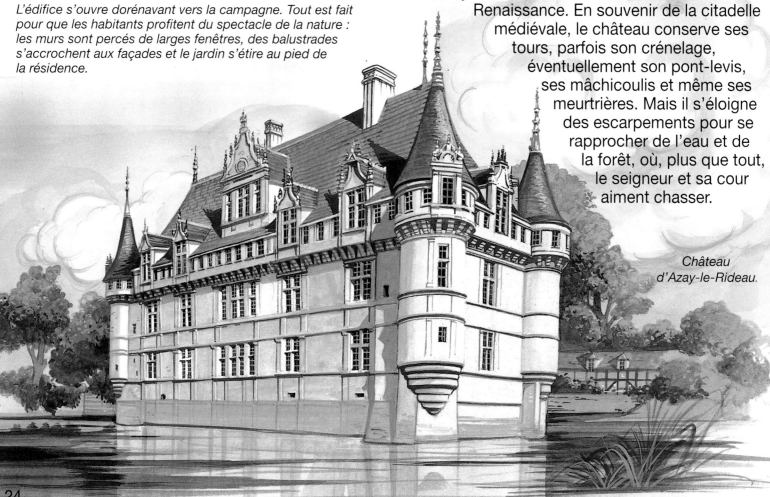

Château d'Azay-le-Rideau.

François Ier fit construire le château de Chambord en 1519, à son retour d'Italie. Ce gigantesque édifice, qui compte 440 pièces, nécessita plus 1 800 ouvriers. Sa construction dura plus de trente ans !

Le faste des décorations

Tout comme la cathédrale gothique, le château s'élance vers le ciel. Le toit ressemble parfois à une véritable forêt de tours, de clochetons et de hautes lucarnes très travaillées. Les belles dames profitent des terrasses perchées et des ouvertures les plus élevées pour suivre les départs de chasse, les fêtes et les tournois. Les nombreux motifs décoratifs extérieurs et intérieurs mêlent les styles italien et français.

La notion d'appartement apparaît : il consiste en une grande pièce, deux plus petites et un cabinet. Dans ces appartements de plus en plus nombreux, les plafonds sont peints, les cheminées sont richement sculptées et la lumière entre par les fenêtres, plus grandes. Ainsi aménagé, le château devient aussi plus confortable. Souvent, les résidants ne vivent pas dans leur château à l'année ; ils viennent y faire des séjours plus ou moins longs, apportant dans de grands coffres de bois leur linge, leur vaisselle et le petit mobilier.

Bien plus tard, au XIXe siècle, Louis II de Bavière fera bâtir en Allemagne, le château féérique de Neuschwanstein, sur le modèle des châteaux de la Renaissance.

Certains architectes font construire de splendides et ingénieux escaliers intérieurs ou extérieurs, comme ici, à Blois.

DES CHÂTEAUX EN EUROPE

De ces milliers de châteaux forts bâtis en Europe au Moyen Âge, il reste peu de constructions intactes. Mais, les donjons écroulés et les ruines isolées n'en finissent pas de nous transporter dans ces temps anciens. On imagine les oubliettes, les passages secrets ou les énormes herses de bois fermant l'entrée ! Les archéologues essaient, eux, par des moyens scientifiques, de ressusciter l'histoire de ces lieux. En Europe, quelques forteresses sauvegardées permettent aussi d'entrevoir ce que pouvait être la vie derrière ces murs impressionnants.

Les architectes anglais décident de concentrer la défense à la porte du château, là où il existe le plus de risques, et font parfois construire deux ponts-levis, comme à Caerphilly !

Le château de Pfalzgrafenstein (Allemagne)

En 1326, Louis Ier de Bavière fait construire le château de Pfalz au milieu de l'eau, comme un bateau de pierre. Il sert de péage, une chaîne barrant le passage sur le Rhin entre le château et la rive. La chaîne est enlevée quand les bateliers ont payé leur droit de passage. Bien plus tard, en 1814, le maréchal Blücher, poursuivant les armées de Napoléon Ier, fait bâtir un pont de chaque côté du château.

Le château de Caerphilly (Royaume-Uni)

Quand, en 1271, Gilbert de Clare décide sa construction au Pays de Galles, il choisit de créer une île artificielle en établissant des barrages sur des ruisseaux voisins. Au milieu, il construit un fort composé d'une cour intérieure encerclée d'une première muraille flanquée de tours. Puis une seconde muraille, plus rustique, aux angles arrondis, entoure l'ensemble. Et pour renforcer les défenses, on ajoute une barbacane de 300 m de long, avec tours et poternes construites sur les barrages.

Le Haut-Koenigsbourg (Alsace, France)

C'est une énorme barre rocheuse s'élevant à 750 m d'altitude qui sert de nid au château actuel. Il faut remonter au XIIᵉ siècle pour retrouver les traces du premier château qui y fut bâti. Le lieu passe de main en main pour devenir un repaire de chevaliers brigands au XVᵉ siècle. Après des destructions et des reconstructions successives, les ruines sont offertes en 1899 à l'empereur Guillaume II. Celui-ci décide de restaurer le château pour marquer les frontières ouest de l'empire allemand.

Dix ans après son inauguration par l'empereur allemand, le château redevient français.

Le château de Coca (Andalousie, Espagne)

C'est l'un des plus beaux exemples de l'influence arabe en Espagne. Il est construit au XVᵉ siècle par des artisans maures pour l'archevêque de Séville. Tout en briques jaunes, il compte d'innombrables éléments décoratifs et de très nombreuses tours, tourelles et échauguettes. Une multitude de meurtrières et d'embrasures pour armes à feu sont aussi disséminées sur l'ensemble de la construction.

En général, les châteaux espagnols sont très décorés, particulièrement dans le crénelage et les mâchicoulis.

Une expérience unique !

« Et si on construisait un château fort ! » C'est le pari lancé à Guédelon. Sur ce chantier, il n'y a ni grues de fer, ni bétonneuses, ni engins à moteur, mais 35 ouvriers qui, pendant une vingtaine d'années, vont travailler comme il y a sept siècles. Leurs outils sont les mêmes qu'au XIIIᵉ siècle et les matériaux leur sont fournis par la nature. C'est du haut d'un promontoire que les visiteurs découvrent l'ensemble du chantier, tandis que les tours, le donjon et les remparts prennent peu à peu forme sous leurs yeux.

TABLE DES MATIÈRES

ISBN 13 : 978-2-215-06346-9
ISBN 10 : 2-215-06346-7
© Groupe FLEURUS, 2000.
Conforme à la loi n°49-956 du
16 juillet 1949 sur les publications
destinées à la jeunesse.
Dépôt légal à la date de parution.
Imprimé en Italie (10-06).